AF467291

FÉDÉRATION NATIONALE DE L'ÉCLAIRAGE ET DES FORCES MOTRICES

(GAZ ET ÉLECTRICITÉ)

211, Rue Lafayette, 211 - PARIS (Xe)

LE STATUT DU PERSONNEL

Loi du 28 Juillet 1928
sur l'obligation
du Statut du Personnel des Sociétés concessionnaires
des Services du Gaz et de l'Électricité.

STATUT GUIDE

ÉDITION
de la
FÉDÉRATION NATIONALE DE L'ÉCLAIRAGE

Septembre 1928

Prix : 2 fr.

LA LOI DU 28 JUILLET 1928

ET LE

STATUT DU PERSONNEL

PRÉAMBULE

Pourquoi ce fascicule adressé à tous les Syndicats fédérés ? Non pas pour, une fois encore, exposer le détail de cette importante question, non plus que de rééditer les menus faits qui ont illustré l'action menée depuis plusieurs années par notre Fédération et visant à un objectif qui, aujourd'hui, est réalisé.

Le but que nous assignons à ce modeste document est de remettre à tous les militants intéressés les éléments d'information leur permettant de précipiter l'application de la loi et, s'inspirant, non pas seulement de sa lettre, mais aussi et plus particulièrement, de son esprit, de rechercher les moyens susceptibles de lui faire rendre, au profit de chacun des corporants, le maximum de résultats.

UN BREF RAPPEL DES FAITS

Quelques lignes suffiront pour rappeler la genèse de cette revendication du statut obligatoire du personnel.

C'est fin 1920 que l'idée de cette revendication importante germa au sein de notre Fédération. A cette époque, notre prétention visait à la recherche d'un statut uniforme qui eut été applicable dans toutes les exploitations, sauf cependant celles situées dans les grands centres comme Paris, où la situation est, du fait de raisons qu'il serait trop long d'exposer, très particulière. Notre objectif était donc à l'origine : « Uniformité des conditions de travail et de retraites. »

Pour réaliser un tel objectif, fallait-il encore rechercher l'ouverture des pourparlers entre les syndicats patronaux du gaz et de l'électricité et les représentants de notre Fédération.

Nos tentatives directes auprès de ces derniers n'ayant pas reçu l'accueil recherché, force nous fut de réclamer l'intervention de l'autorité du Ministre du Travail, dans le but d'amener entre nous et les syndicats patronaux les pourparlers indispensables. Pour ce faire il était nécessaire, au préalable, de convaincre le Ministre de la légitimité de notre prétention, en lui démontrant qu'elle était d'une réalisation possible.

Cette première phase de notre action réclama du temps et de nombreuses correspondances.

C'est en vain que, dans ce cadre, l'autorité ministérielle s'exerça sur les syndicats patronaux. Ceux-ci, par l'échange entre eux et le Ministre, de multiples correspondances et rapports nous conduisirent jusqu'en août 1923, date à laquelle, par une dernière lettre au Ministre, ils se récusaient pour la rencontre préconisée par celui-ci.

La lettre par laquelle le Ministre nous faisait connaître le refus définitif des syndicats patronaux, contenait la phrase suivante :

« *Dans ces conditions, aucune disposition légale ne permettant actuellement au gouvernement d'obliger les entreprises de gaz et d'électricité à doter leur personnel d'un statut, et les syndicats patronaux intéressés se refusant à établir un tel statut, il paraît impossible de provoquer la réunion d'une Commission paritaire, comme la Fédération nationale en avait exprimé le désir.* »

NOUS CHANGEONS DE ROUTE, MAIS CONSERVONS LE MÊME OBJECTIF

Ainsi, n'ayant pas de « mesure légale » lui permettant d'obliger les syndicats patronaux, le Ministre est désarmé.

Un Ministre, c'est le gouvernement et le gouvernement peut, quand il le veut, se doter des lois qui lui font défaut. C'est ainsi qu'après notre Congrès de juillet 1924, nous agissons auprès du gouvernement pour qu'une loi intervienne.

Après bien des attermoiements, une Commission interministérielle est instituée. Outre les trois ministres intéressés (Travail, Intérieur, Travaux Publics), les syndicats patronaux et notre Fédération participent à ses travaux. Elle tient deux séances, la première le 12 mars 1925, la seconde le 11 juin 1925.

Contre l'opposition des syndicats patronaux, la Fédération fait admettre par la Commission interministérielle, le principe d'une loi qui fera obligation du statut du personnel dans toutes les concessions de gaz et d'électricité, et que, de plus, cette loi s'appliquerait, non pas seulement aux concessions à intervenir, mais également aux traités en cours.

LE GOUVERNEMENT DÉPOSE UN PROJET

C'est le 28 mai 1926 que le gouvernement dépose sur le Bureau de la Chambre le projet de loi dont on trouvera le texte inséré dans ce fascicule.

Ce projet de loi n'est pas aussi complet que nous le voulions, mais les assurances sociales étant à l'ordre du jour, agissant sur la Commission du Travail de la Chambre, nous obtenons la prise en considération d'un article additionnel au projet du gouvernement et concernant une garantie des retraites par nous acquises avant l'application de la loi des assurances sociales.

C'est ce projet qui, complété dans le sens et pour l'objet précité, qui est voté par la Chambre des députés, le 12 juillet 1927 et qui, depuis le 9 juillet 1928, a été voté par le Sénat.

Cette loi dont on trouvera le texte dans ce fascicule, ainsi que la reproduction de tous les documents parlementaires, a été promulguée par le Président de la République, le 28 juillet 1928 et est insérée au *Journal Officiel* du 31 juillet 1928 (page 8.535).

APPLICATION DE LA LOI

Cette loi est donc immédiatement applicable en ce qui concerne les traités de concession qui pourraient intervenir. Elle devra également avoir son effet sur les traités en cours avec cependant, pour ces derniers, un délai d'un an. Ce qui revient à dire qu'au 1er août 1929 au plus tard, tous les cahiers des charges des concessions de gaz et d'électricité devront avoir en annexe le statut du personnel.

Dans ces conditions, il appartient aux militants intéressés d'œuvrer très rapidement au mieux des intérêts de chacun.

COMMENT AGIR ?

Cette loi est d'un texte très court qui fait une obligation, mais ne précise pas les clauses du statut, non plus que l'importance en valeur de chacune d'elles. Comme toutes les autres lois d'Etat, elle a sa lettre et son esprit.

Sa lettre, c'est l'obligation de la fixation dans un statut des conditions générales de travail. C'est le texte.

Son esprit, c'est ce qu'il convient d'entendre par « Statut du Personnel ». C'est, d'une part, l'exposé de la question par le Gouvernement lui-même, et, d'autre part, les rapports établis par les différentes Commissions parlementaires de la Chambre et du Sénat qui ont eu à connaître de la question.

DANS LE RAPPORT DU GOUVERNEMENT

« *Ce statut, pour être complet, devrait indiquer les conditions de titularisation et de licenciement, le mode de détermination des salaires, les avantages en nature, les allocations familiales, les congés annuels, l'assistance en cas de maladie, les retraites, l'application des mesures disciplinaires et le règlement amiable des différends collectifs.*

Il est de toute évidence qu'on ne pouvait songer à exiger de toutes les concessions, quelques minimes qu'elles soient, l'établissement d'un statut aussi complet. Par la force des choses, certaines de ces dispositions ne peuvent jouer que dans les entreprises de quelque importance. Les concessionnaires et les organisations patronales et ouvrières intéressées seront appelées dans chaque espèce à émettre leur avis sur le statut convenable. En tout état de cause, c'est à l'autorité concédante qu'il appartiendra de se prononcer. »

Voici donc défini par le gouvernement lui-même l'objet de la loi qu'il dépose en demandant au Parlement de la voter.

C'est le gouvernement qui indique que les organisations ouvrières et patronales intéressées débattront les clauses du statut et que, en tout état de cause, l'autorité concédante — la Ville — se prononcera.

LE RAPPORT DE LA COMMISSION DU TRAVAIL DE LA CHAMBRE

« *Un statut unique — il faut entendre uniforme — n'est pas possible. Il sera discuté par le concessionnaire et par le personnel représenté par ses délégués syndicaux, et le pouvoir concédant, le Conseil Municipal, par exemple, se prononcera et décidera.* »

Ainsi donc la définition de l'objet de la loi proposée, déjà donnée dans le rapport du Gouvernement, se trouve à nouveau précisée par la Commission du travail de la Chambre, laquelle indique que, dans les pourparlers qui s'ouvriront en vue de l'application de la loi, le personnel sera représenté par ses délégués syndicaux, le pouvoir concédant étant appelé à juger et à se prononcer en dernier ressort.

LE RAPPORT DE LA COMMISSION D'ADMINISTRATION GÉNÉRALE DU SÉNAT

« *Sans conteste il appartiendra donc au Conseil Municipal, au Maire, disons-le, la plupart du temps, d'arbitrer les différends susceptibles de surgir entre les Compagnies et le personnel au sujet du statut.*

Bien que ce soit toujours une tâche ingrate dévolue aux Municipalités, elle ne paraît pas au-dessus des moyens des municipalités urbaines qui peuvent s'entourer des conseils techniques et juridiques. »

Ce ne sont là que des extraits des rapports officiels, dont nos camarades trouveront, d'autre part, les textes complets.

Ainsi donc, voici définis, tant par le gouvernement auquel l'initiative du dépôt du projet revient, que par la Chambre des Députés et le Sénat, l'esprit et la portée de cette loi aujourd'hui votée, promulguée, et partant applicable.

De ce fait, le pouvoir concédant qui, dans le passé, ne pouvait dans la plupart des cas ne faire intervenir que le poids de son autorité morale — les traités de concessions ne contenant presque jamais de dispositions concernant le personnel des sociétés concessionnaires — peut, aujourd'hui, intervenir et décider en dernier ressort.

IL NE FAUT PAS ATTENDRE

Non, il ne faut pas attendre que les Sociétés, qui sont obligatoirement tenues d'observer la loi, établissent le statut.

Tous nos camarades se doivent de mettre debout un statut du personnel aussi complet que possible et de l'adresser, non pas seulement aux directions, mais aussi aux municipalités.

IL FAUT AGIR

C'est pour faciliter la tâche des militants syndicaux, que nous avons dressé, non pas un statut-type, mais plus exactement un « statut guide » dont on trouvera le texte d'autre part.

QUELQUES INDICATIONS

Ce statut n'étant qu'un guide, il va sans dire que nos camarades pourront y apporter tous les changements qu'ils penseront nécessaires.

Néanmoins, nous croyons devoir leur signaler qu'il y aurait intérêt à rechercher, en ce qui concerne les dispositions générales, un maximum d'uniformité.

C'est ainsi, à notre avis, que les articles de 1 à 7 inclus, qui sont composés en caractères moyens, pourraient être retenus par tous, sous bénéfice cependant de certaines adaptations qui seraient jugées indispensables, du fait de conditions déjà acquises.

SALAIRES

Il n'y a pas intérêt à ce que les salaires fassent partie intégrante du statut, mais soient fixés par un bordereau annexé à celui-ci et, bien entendu, déposé en même temps que ce dernier. De plus, on comprendra qu'il ne nous soit pas possible de fixer des taux. C'est aux syndicats intéressés qu'il appartiendra de dresser ce bordereau.

Cependant il nous a paru nécessaire de rechercher la fixation d'un minimum de salaire. C'est là une tentative qui fait l'objet de l'article 8, qui est composé en petits caractères italiques. C'est la base qui semble être admise par le gouvernement comme salaire vital.

Cette base est de 8.500 francs par an. Or, si l'on considère qu'un ouvrier touche 300 journées de travail, il faudra donc, dans le bordereau de salaire à établir, fixer le salaire de base — manœuvre — à 28 fr. 33 par jour, ce qui, multiplié par 300, donnera 8.500 francs.

Tous les taux, variables par catégories, qui seront annexés au bordereau à établir, devront être des taux de début qui se trouveront corrigés par la prime d'ancienneté prévue à B de ce même article 8.

En dehors de cette règle, dont nous préconisons l'adoption à tous, il va sans dire que nos camarades auront intérêt à s'inspirer des salaires du personnel municipal de l'endroit, attendu que le Maire sera sans doute appelé à intervenir.

Pour ce qui reste de cet article 8, ce n'est qu'indicatif et nos camarades procèderont aux adaptations nécessaires. De plus, il est bon de le préciser que, par la mise en pratique de ce principe, nous en revenons à une forme normale de rémunération du travail et que, dans ces conditions, ce serait la disparition pure et simple des indemnités de cherté de vie.

AVANTAGES EN NATURE

Ce point ne peut, en raison de la diversité des situations actuelles, être précisé dans notre « statut guide ». Aussi nous sommes-nous bornés à l'énumération des points sur lesquels le statut devra porter. Nos camarades rédigeront eux-mêmes le détail de cet article.

CONGÉ ANNUEL

Cet article qui, dans notre « statut guide », porte le n° 11, n'est qu'indicatif, l'échelle progressive concernant la durée du congé qui y est indiqué, a le mérite d'être déjà en application dans une usine de moyenne importance. En tout état de cause, nos camarades feront sur ce point toutes adaptations utiles.

MALADIES

Cette question est traitée par l'article 13 qui, par ses dispositions très générales, nous semble pouvoir être retenu dans la plupart des cas. Cependant, il faut tenir compte que, dans de nombreuses exploitations, il y a déjà dans ce domaine quelque chose de fait, soit que les allocations déjà existantes sont versées directement par la Société, soit encore par le canal d'une caisse spécialement créé à cet effet, avec participation du personnel.

La rédaction de notre article tient compte de ces situations, comme, en ce qui concerne le bénéfice des soins médicaux et pharmaceutiques, il tient discrètement compte de ce qui devra être fait par l'application des assurances sociales.

Il n'est pas douteux que, sur ce point, les résistances seront grandes. Aussi, en raison de l'intervention possible de la municipalité, nos camarades devront s'inquiéter de ce qui, en pareille matière, est octroyé aux travailleurs municipaux de leur localité.

ALLOCATIONS FAMILIALES

Dans ce domaine également notre rédaction de l'article 15 du « statut guide », n'est qu'indicative. Cependant, les taux indiqués sont pratiqués dans certaines exploitations. Tout comme pour les allocations en cas de maladie, nos camarades auront intérêt à se préoccuper de ce qui existe pour le personnel municipal.

CONSEIL DE DISCIPLINE

Nous n'avons pas besoin d'insister sur l'accueil qui est généralement réservé par les Sociétés, chaque fois que cette revendication est mise en avant.

Malgré tout, elle doit être posée avant tout dans son principe. Aussi est-ce à cet objet que répond la rédaction volontairement limitative de notre article 17. En tout état de cause, s'il y a impossibilité de réaliser le Conseil de discipline, il y aura lieu de conserver, comme garantie minimum, l'échelle de sanctions.

RECONNAISSANCE DU SYNDICAT

Cette question fait l'objet de l'article 18. Aussi nous conseillons instamment le maintien de son texte qui, du reste, figure dans des statuts présentement en application dans quelques exploitations.

UN DERNIER MOT

En un mot, le statut inséré d'autre part, n'est qu'un « guide » établi dans le but de faciliter la tâche de tous les syndicats qui, dès à présent, doivent se préoccuper de l'établissement du statut du personnel. Il va de soi que, pour la mise au point, le concours fédéral leur est tout acquis. Cependant il importe que, sous leur propre initiative, ce travail soit très rapidement entrepris, et, aussi, poussé aussi loin que possible.

Les parties du « statut guide » imprimées en caractères moyens sont celles qui, à notre avis, sont susceptibles de pouvoir être retenues dans la plupart des cas.

Celles imprimées en caractères plus petits (*italiques*) sont celles qui contiennent des dispositions susceptibles d'être modifiées en raison de situations déjà existantes.

Les parties en gros caractères sont celles où nous exposons très brièvement les raisons qui commandent à nos camarades de fixer les demandes formulées suivant les positions présentes.

SON DÉPOT

Comme nous le disons d'autre part, une fois établi, le statut devra être déposé, non seulement à la direction, mais aussi donné en communication au pouvoir concédant.

Ce dépôt, comme cette communication, devront être accompagnés de lettres explicatives. Ces correspondances seront d'un texte différent suivant qu'il s'agira d'une exploitation où, avant la loi, un statut avait été réalisé et qu'au bénéfice de celle-ci l'on vise à y substituer un nouveau plus complet, soit qu'il s'agira d'une exploitation où rien n'existait.

Dans un cas comme dans l'autre, nos camarades trouveront dans ce fascicule les textes appropriés.

LE BUREAU FÉDÉRAL.

Un Statut Guide

Article premier.

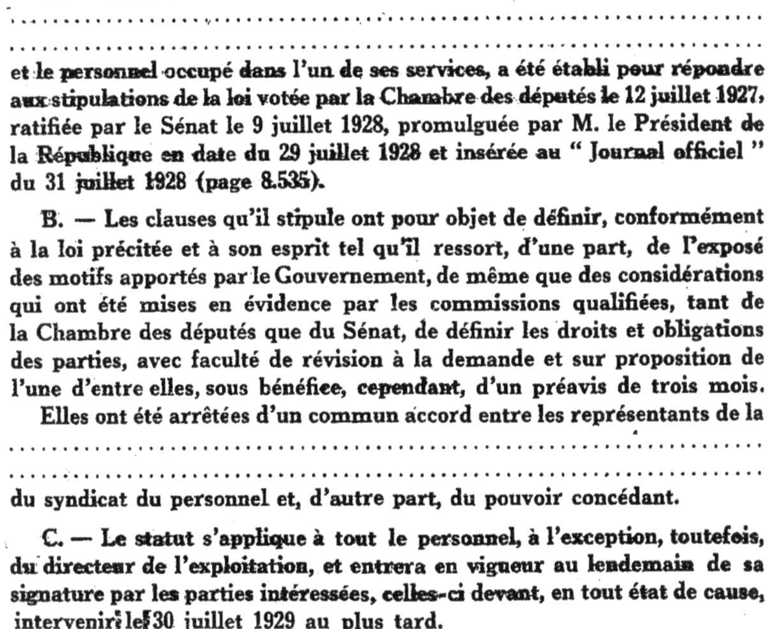

A. — Le présent statut formant contrat collectif de travail entre la..

....

....

et le personnel occupé dans l'un de ses services, a été établi pour répondre aux stipulations de la loi votée par la Chambre des députés le 12 juillet 1927, ratifiée par le Sénat le 9 juillet 1928, promulguée par M. le Président de la République en date du 29 juillet 1928 et insérée au " Journal officiel " du 31 juillet 1928 (page 8.535).

B. — Les clauses qu'il stipule ont pour objet de définir, conformément à la loi précitée et à son esprit tel qu'il ressort, d'une part, de l'exposé des motifs apportés par le Gouvernement, de même que des considérations qui ont été mises en évidence par les commissions qualifiées, tant de la Chambre des députés que du Sénat, de définir les droits et obligations des parties, avec faculté de révision à la demande et sur proposition de l'une d'entre elles, sous bénéfice, cependant, d'un préavis de trois mois.

Elles ont été arrêtées d'un commun accord entre les représentants de la

....

....

du syndicat du personnel et, d'autre part, du pouvoir concédant.

C. — Le statut s'applique à tout le personnel, à l'exception, toutefois, du directeur de l'exploitation, et entrera en vigueur au lendemain de sa signature par les parties intéressées, celles-ci devant, en tout état de cause, intervenir le 30 juillet 1929 au plus tard.

Article 2.

COMPOSITION DU PERSONNEL

A. — Le personnel est composé d'agents payés soit au mois, soit à la journée, qui, suivant leur position en regard de certaines des dispositions du présent statut ou bien encore en raison du genre de travail pour l'exécution duquel ils sont entrés au service de la ....

....

....

peuvent être classés comme :

Auxiliaires ; Temporaires ; Stagiaires ; Titulaires.

B. — Les agents auxiliaires sont ceux qui sont embauchés en vue de l'exécution de certains travaux, soit de premier établissement, soit encore de grosses réparations ayant un caractère provisoire et, par conséquent, qui ne participent pas aux travaux permanents d'entretien ou de fonctionnement normal de l'exploitation.

C. — En tout état de cause, les conditions générales de travail et de rémunération de ces agents ne peuvent être inférieures à celles qui sont faites aux autres agents, sauf, bien entendu, en ce qui concerne les avantages particuliers, tels : congé annuel, prime d'ancienneté, salaire en cas de maladie, retraites, avantages en nature, etc...

D. — Les agents temporaires sont ceux qui sont embauchés en vue d'une utilisation permanente et qui, de ce fait, sont affectés à l'un des services normaux de l'exploitation et qui, s'ils remplissent les conditions professionnelles et physiques nécessaires, peuvent prétendre, à échéance des délais prévus, à leur titularisation dans l'emploi qu'ils occupent.

E. — La période de temporariat est fixée à trois mois durant lesquels la ....
....
sera à même d'apprécier si l'intéressé possède des qualités physiques et des connaissances professionnelles suffisantes lui permettant d'aspirer, à la titularisation. Passé ce délai de trois mois qui, comme il est stipulé d'autre part, correspond à la période dite d'essai, l'intéressé qui est conservé au service de la Société est considéré comme agent stagiaire, c'est-à-dire que, sans avoir à remplir d'autres formalités, il sera, à échéance du délai d'un an à dater du jour de son embauchage, titularisé de plein droit.

F. — Les agents titulaires sont ceux qui, ayant traversé avec succès la période considérée comme essai, comptent une année de service, y compris, dans le calcul de cette année, le temps passé comme temporaires.

Article 3.

EMBAUCHAGE

A. — Tout agent qui, à un titre quelconque, postule pour un emploi dans l'un des services de la Société, doit en adresser la demande au directeur et remplir les conditions qui suivent :

1° Etre âgé de 18 ans au moins et de 40 ans au plus.

2° Avoir satisfait aux obligations de la loi de recrutement.

3° Produire un extrait du casier judiciaire ayant moins de trois mois de date.

4° Passer la visite médicale d'un médecin désigné par la ....
....
qui attestera que l'intéressé possède les aptitudes physiques nécessaires pour l'emploi qu'il sollicite.

D. — Tous les agents sont embauchés et, le cas échéant, licenciés par la direction sous bénéfice, cependant, des garanties particulières accordées aux agents titularisés.

C. — Les agents auxiliaires, temporaires et stagiaires, sont licenciés sous bénéfice d'un préavis de 6 jours sans aucune indemnité, sauf au cas où ce préavis n'aurait pas été observé. Dans ce dernier cas, l'indemnité sera égale aux huit journées de travail y compris toutes les indemnités ou bien encore de la partie restant à courir pour l'échéance dudit préavis.

D. — Durant le temps de préavis, l'intéressé disposera de deux heures pour chacune des journées en vue de rechercher du travail. Cependant, ce temps qui lui sera payé lui sera accordé, quant à la période de la journée où il pourra en disposer, moitié au choix de la Direction, moitié à son choix.

TITRE D'ENGAGEMENT

E. — Tout agent rentrant au service de la Société reçoit un titre d'engagement indiquant la catégorie à laquelle il est affecté et mentionnant la nature de l'embauchage dont il est l'objet :
Auxiliaire ou Temporaire.

F. — Au moment où, remplissant les conditions requises, l'agent passe d'un cadre à l'autre, son titre d'engagement lui est échangé contre un nouveau se rapportant à sa nouvelle affectation.

G. — En cas de départ, pour une cause quelconque, l'agent fait remise du titre d'engagement dont il est détenteur, qui lui est échangé contre un certificat de travail.

OUTILLAGE

H. — Les outils nécessaires à l'exécution du travail sont mis à la disposition des agents par la Société ; les agents les prennent en charge.

I. — Lorsqu'un agent, pour une raison quelconque, quitte son service, il doit rendre les objets et outils qui auraient pu lui être confiés ; faute par lui de faire cette remise, il en doit la valeur à la Société, après estimation de la perte subie par l'usure.

Article 4.

SITUATION DU PERSONNEL EN SERVICE A LA SOCIÉTÉ A LA DATE DU 1er AOUT 1928

A. — Tous les agents qui étaient en service à la Société au 1er août 1928 et qui, à cette date, comptaient trois mois d'ancienneté dans l'un des services normaux de l'exploitation sont, sans autres formalités, titularisés de droit.

B. — Ceux des agents qui, étant en service à la Société au 1er août 1928 mais qui, à cette date, ne comptaient pas trois mois d'ancienneté, seront considérés soit comme auxiliaires, temporaires ou stagiaires, suivant qu'ils sont spécialement affectés à des travaux de premier établissement, soit qu'étant affectés à l'un des services permanents, ils ne réunissaient pas trois mois de présence au 1er août 1928.

Article 5.

LICENCIEMENT OU RÉVOCATION D'UN AGENT TITULAIRE

A. — Les agents titulaires ne peuvent être licenciés que pour suppression d'emploi ou révoqués par mesures disciplinaires.

B. — Dans les deux cas envisagés, la mesure définitive est toujours prononcée par le directeur de l'exploitation et, dans le premier cas, sous réserve pour l'intéressé de la jouissance immédiate de sa pension " rétroactive " calculée en fonction de ses années de service au jour où le licenciement est prononcé et quel que soit son âge ; dans le deuxième cas, après avis du Conseil de discipline.

Article 6.

RÉDUCTION ÉVENTUELLE DU PERSONNEL

A. — Au cas où, par suite de suppression de certains services ou de modernisation des moyens de production, la .... serait obligée de réduire le nombre de ses agents, il est convenu que le débauchage ne sera opéré que compte tenu de l'ancienneté de chacun des agents et après avoir recherché, d'accord avec les représentants syndicaux du personnel, les changements possibles d'affectation.

B. — Il reste donc entendu qu'en cas de licenciements rendus inévitables pour les raisons indiquées ci-dessus, ceux-ci seront opérés :

1° Jusqu'à extinction complète des auxiliaires, temporaires et stagiaires ;

2° Par ordre d'ancienneté des agents titulaires.

C. — Les agents qui, pour les raisons qui précèdent, seraient appelés à faire l'objet d'une mutation nécessitant un déplacement de localité, l'acceptent par avance, étant entendu que, dans la nouvelle affectation, ils ne subiront aucune diminution de salaire.

Les frais de déplacement de l'agent intéressé et de sa famille, de même que ceux nécessités par le transport du mobilierer, sont pris en charge par la Société.

D. — En cas d'affectation nouvelle n'entraînant pas un changement de localité, l'intéressé ne pourra être l'objet d'une réduction de salaire, sauf, cependant, en cas d'inaptitude ou d'incapacité le plaçant dans l'impossibilité de faire face à une fonction dont la rémunération normale était l'équivalence de la fonction à laquelle il était antérieurement affecté, et recevant de ce fait une autre affectation.

Article 7.

ORGANISATION ET DURÉE DU TRAVAIL

A. — Le travail s'effectuant dans tous les services de la Société, bureaux, ateliers et chantiers, est déterminé et organisé par la Direction et les agents de maîtrise agissant en son nom.

B. — La durée normale de la journée de travail est, pour chacun des services, fixée par la Direction.

C. — Les notes de service portant sur cet objet seront toujours conformes à la loi du 23 avril 1919, comme à ses modalités d'application telles qu'elles ressortent du décret d'administration publique du 30 janvier 1924.

D. — Les mesures d'hygiène et de sécurité dans le travail seront prises en conformité de la législation, lois et décrets y relatifs.

REPOS HEBDOMADAIRE

E. — Le repos hebdomadaire est octroyé à tous les agents en conformité des stipulations, d'une part, de la loi de 1910 portant sur cet objet et, d'autre part, de celles du décret du 31 août 1910 pour ce qui concerne ceux des agents assurant un service devant nécessairement rester continu.

DÉROGATIONS

F. — Sous bénéfice de l'observation des règles ci-dessus, toutes inspirées des lois ou décrets en vigueur, tous les agents sont tenus d'accomplir les travaux qui leur seraient exceptionnellement demandés, sauf en cas de force majeure, dont, en tout état de cause, le motif serait pleinement justifié.

TRAVAIL DES DIMANCHES ET JOURS FÉRIÉS LÉGAUX

G. — Les chefs de service, agissant au nom de la Direction et sur ses ordres, peuvent faire exécuter des travaux supplémentaires les dimanches et les jours fériés légaux ou locaux par des agents désignés par eux. Ces agents peuvent être pris dans l'un des serviees de l'exploitation, ateliers, chantiers ou bureaux.

H. — Les travaux supplémentaires accomplis dans les conditions qui précèdent, de même que les heures qui, certains jours, peuvent être effectuées en dépassement de la durée légale d'une journée de travail, sont rémunérés suivant des taux spéciaux indiqués d'autre part.

JOURS FÉRIÉS LÉGAUX

I. — Les fêtes reconnues légales sont les suivantes :

Le 1er janvier, le Mardi-gras (après-midi), Mi-carême (après-midi), le lundi de Pâques, l'Ascension, la Pentecôte, le 14 juillet, l'Assomption, la Toussaint et Noël.

J. — Tout agent qui, ayant été commandé et qui, n'ayant pas un motif dirimant à invoquer pour justifier son empêchement, se refuserait à l'exécution d'un travail supplémentaire, se rendrait passible de l'une des sanctions disciplinaires prévues d'autre part.

Article 8.

SALAIRES ET INDEMNITÉS DIVERSES

A. — Les salaires payés aux agents de chacune des catégories sont fixés par minima dans un bordereau annexé au présent statut. Toutefois, la rémunération journalière (8 heures) des agents les moins favorisés ne pourra, en aucun cas, être inférieure à un taux qui, multiplié par 300, pour ceux à la journée, et par 12 pour ceux au mois, laisserait apparaître une ressource annuelle inférieure à 8.500 francs.

PRIME D'ANCIENNETÉ

B. — *Tous les agents bénéficieront d'une prime d'ancienneté qui sera octroyée dans les conditions qui suivent :*

Dès le début de la deuxième année, 0 fr. 50 par jour;
Dès le début de la quatrième année, 1 franc par jour;
Dès le début de la septième année, 1 fr. 50 par jour;
Dès le début de la dixième année, 2 francs par jour;
Dès le début de la treizième année, 2 fr. 50 par jour;
Dés le début de la quinzième année, 3 francs par jour.
Ce qui constitue un maximum ne pouvant être dépassé.

C. — *Pour les agents aux appointements mensuels, l'équivalence de la prime d'ancienneté leur sera octroyée sous forme d'augmentation biennale.*

PRIMES DE FIN D'ANNÉE

D. — *Tout agent titulaire qui, au cours de l'année, n'aura été l'objet d'aucune des mesures disciplinaires qui sont prévues d'autre part, recevra à la première paie du début de l'année une gratification dont le montant sera égal au salaire normal et brut de deux semaines de travail.*

INDEMNITÉ POUR SERVICE DE NUIT

E. — Les agents qui, relevant d'un service devant nécessairement rester continu, en assurent le fonctionnement par roulement dans des équipes qui alternent de jour et de nuit, recevront, quand ils seront de nuit (service assuré entre 21 heures et 6 heures), une indemnité dite de panier, dont le montant est fixé à ... francs.

INDEMNITÉ DE BICYCLETTE

F. — Tout agent qui, en vue de l'exécution du service, fait usage d'une bicyclette dont il est propriétaire et, partant, en assume les charges d'entretien et de renouvellement, recevra une indemnité mensuelle dont le montant est fixé à ... francs.

INDEMNITÉS DE REPAS POUR LES AGENTS EN DÉPLACEMENT

G. — Les agents appelés à exécuter un travail en un lieu éloigné du poste central de deux kilomètres, recevront une indemnité de repas dont le montant est fixé à ... francs.

H. — Si, en vue de terminer un travail, l'agent intéressé est dans l'obligation de le poursuivre au-delà de la durée normale et, de ce fait, se trouve obligé de prendre son repas du soir hors de son domicile, l'indemnité qu'il reçoit est portée à ... francs.

I. — S'il s'agit d'un travail nécessitant un déplacement de plusieurs jours, mais n'excédant pas une semaine complète, les frais de repas et de couchage sont entièrement supportés par la Société, qui en soldera elle-même le montant ou le remboursera à l'agent intéressé sur présentation des factures.

J. — S'il s'agit d'un travail dont l'exécution nécessite un déplacement d'une durée dépassant une semaine complète (7 jours), outre les remboursements prévus ci-dessus, l'agent intéressé touchera le montant des frais d'un voyage aller et retour hebdomadaire. Cette dernière disposition ne s'appliquerait pas à un agent qui, par le jeu des dérogations prévues, travaillerait le dimanche.

VÊTEMENTS

K. — Les tenues spéciales exigées par la Société pour ceux de ces agents ayant, du fait de la fonction, des contacts avec le public ou encore pour ceux travaillant sur la voie publique, seront gratuitement fournies par ses soins.

Article 9.

HEURES SUPPLÉMENTAIRES ET TRAVAUX DES DIMANCHES ET JOURS FÉRIÉS

A. — Les heures de travail accomplies en dépassement de la durée normale (8 heures) seront majorées dans les conditions suivantes :

B. — Pour les deux premières heures, une bonification de 50 % du taux normal et les suivantes une bonification de 100 % du taux normal.

C. — Les travaux exécutés un dimanche ou un jour férié légal seront rémunérés avec une bonification de 50 % du tarif normal pour les huit premières heures et de 100 % pour celles en dépassement de huit heures.

D. — Ces bonifications ne s'appliquent pas aux heures supplémentairement accomplies pour se rendre du point central au lieu du travail ou en revenir. Les heures ainsi accomplies sont rémunérées au tarif normal.

Article 10.

AVANTAGES EN NATURE

En raison de la diversité des situations actuelles, il ne semble pas possible de fixer, dans ce domaine des avantages en nature, le détail de ce qui peut être revendiqué.

C'est donc aux syndicats eux-mêmes qu'il appartiendra de rédiger les dispositions de cet article qui, en tout état de cause, sous réserve des quantités qu'ils auront à déterminer devrait comprendre :

1° Quantité mensuelle de coke gratuit ou à tarif spécial ;

2° Quantité mensuelle de m³ de gaz gratuit ou à tarif spécial ;

3° Quantité mensuelle de kilowatt d'électricité gratuite ou à tarif réduit ;

4° Gratuit ou tarif spécial pour les installations, branchements et fournitures d'appareils ;

5° Situation des agents retraités, des veuves d'agents décédés en service ou des veuves d'agents décédés étant retraités en regard de ces avantages.

Article 11.

CONGÉS ANNUELS

A. — *Le personnel titulaire bénéficie d'un congé annuel payé. Ce congé est de* 6, 8, 10, 12, 15, *ou* 20 *jours.*

6 *jours après un an de service.*
8 *jours après deux ans de service.*
10 *jours après trois ans de service.*
12 *jours après quatre ans de service.*
15 *jours après dix ans de service.*
20 *jours après quinze ans de service.*

B. — *En principe, ces congés sont utilisés en une seule fois durant le cours de l'année, compte tenu pour l'ordre des départs, et le contingent d'agent compris dans chacune des périodes des nécessités du service.*

C. — *Toutefois l'agent qui, pour une raison valable, désirerait bénéficier d'une partie de son congé pourra obtenir satisfaction.*

CONGÉS SPÉCIAUX

D. — Des congés supplémentaires payés sont accordés pour les cas suivants :

Mariage de l'agent .... 3 jours.
Mariage d'un enfant.................................... 1 jour.
Naissance d'un enfant .... 2 jours.
Décès du conjoint, d'ascendants ou de descendants en ligne directe .... 2 jours.
Décès de parents au deuxième degré en ligne collatérale (frère, sœur) .... 1 jour.

E. — Les congés spéciaux ci-dessus ne seront payés qu'autant que l'intéressé aura demandé la permission de s'absenter et, par suite, fourni la justification de son absence.

Article 12.

PÉRIODES D'INSTRUCTION MILITAIRE

Les agents titulaires, appelés à effectuer une période d'instruction militaire (Réserve ou Territoriale) toucheront pendant la durée régulière de cette période les deux tiers de leur salaire et l'intégralité des allocations familiales.

Article 13.

ALLOCATIONS EN CAS DE MALADIES

A. — *En cas de maladie, l'agent titulaire reçoit durant six mois consécutifs une indemnité journalière égale aux deux tiers de son salaire. Les trois mois suivants, cette indemnité sera ramenée au demi-salaire.*

B. — *L'agent malade continue, durant tout le temps de sa maladie, à percevoir les allocations familiales auxquelles il peut prétendre.*

C. — *Une maladie dont la durée excède neuf mois consécutifs, ne donne plus droit aux indemnités prévues, mais seulement à la gratuité des soins médicaux et pharmaceutiques et au bénéfice des allocations familiales.*

D. — *Une nouvelle maladie survenant avant que l'agent ait accompli à nouveau une période de six mois de travail, sera considérée, au point de vue de la durée de l'indemnité, comme la suite de la maladie précédente.*

SOINS MÉDICAUX ET PHARMACEUTIQUES

E. — *En outre des indemnités précitées, les agents intéressés bénéficieront de la gratuité des soins médicaux et pharmaceutiques. Cette dernière disposition s'appliquera également à la femme et aux enfants de l'intéressé vivant sous le même toit et n'étant pas eux-mêmes salariés.*

F. — *Pour bénéficier des dispositions qui précèdent, l'agent devra, dès que la maladie l'obligera de quitter son service, prévenir soit verbalement, soit par écrit, son chef de service et, par la suite, fournir un certificat médical délivré par le médecin traitant indiquant la nature de la maladie et, autant que faire se pourra, sa durée approximative.*

G. — *Les soins tant médicaux que pharmaceutiques sont donnés par des médecins ou pharmaciens désignés par la Société. Toutefois, l'agent malade conserve le libre choix de son médecin traitant et de son fournisseur, mais, dans ce cas, outre que la Société se réserve le droit de faire visiter l'intéressé par l'un de ses médecins contrôleurs, les frais ainsi occasionnés à l'agent qui userait de cette faculté ne lui seront couverts que suivant les tarifs payés par la Société aux médecins et pharmaciens qui lui sont attachés.*

H. — *La Société se réserve la faculté d'assurer le bénéfice pour tout ou partie des dispositions qui précèdent, soit directement, soit par le canal d'une association spéciale à laquelle elle pourrait affilier son personnel.*

I. — *Ceux des agents qui, étant malades, se livreraient à un travail rémunéré ou non, outre la suppression des indemnités prévues seront passibles d'une sanction disciplinaire qui, en cas de récidive, pourrait aller jusqu'à la révocation.*

Article 14.

ALLOCATIONS EN CAS D'ACCIDENTS DU TRAVAIL

A. — En cas d'accident survenu par le fait ou à l'occasion du travail, les agents titulaires toucheront jusqu'au 150e jour leur salaire intégral, y compris toutes les indemnités s'y rattachant.

B. — Après le 150e jour et jusqu'à la reprise du travail, les agents intéressés ne toucheront plus que les 70% du salaire y compris, dans le calcul de celui-ci, toutes les indemnités s'y rattachant.

C. — Ces indemnités pour accident du travail sont versées directement par la Société à l'intéressé, mais sont couvertes partie par une Compagnie d'assurances.

D. — Les agents non titularisés sont, en matière d'accident du travail, soumis à la législation portant sur cet objet (loi de 1898).

E. — L'agent accidenté conserve toujours le libre choix du médecin et du pharmacien ; tous les frais qui lui seront ainsi occasionnés lui seront intégralement remboursés sur le vu des pièces justificatives.

Article 15.

ALLOCATIONS FAMILIALES ET ALLOCATIONS SPÉCIALES

A. — *Tout agent de la Société, titulaire ou non, ayant à sa charge des enfants de moins de 16 ans, recevra des allocations familiales dont les taux, variables avec le nombre d'enfants, sont ci-dessous fixés :*

Pour 1 enfant 50 francs par mois.
Pour 2 enfants 110 francs par mois.
Pour 3 enfants 185 francs par mois.
Pour 4 enfants 285 francs par mois.

et ainsi de suite, à raison de 100 francs par mois pour chaque enfant au-dessus du quatrième.

B. — *L'allocation s'attache à l'enfant suivant son rang de naissance; ainsi donc, dès qu'un enfant a atteint 16 ans, l'allocation versée pour les suivants n'est en rien réduite, c'est-à-dire que pour le deuxième, il est versé 60 francs, pour le troisième, 85 francs, pour les suivants 100 francs.*

C. — *Le montant de ces allocations pourra être couvert directement par la Société ou une Caisse régionale de compensation pour tout ou partie.*

ALLOCATION POUR NAISSANCE

D. — Tout agent titulaire recevra, à l'occasion de la naissance d'un enfant, une allocation dont le montant est fixé à 500 francs.

ALLOCATION POUR MARIAGE

E. — Tout agent titulaire recevra, à l'occasion de son mariage, une allocation égale à un mois de traitement ou, suivant le cas, à 25 jours de travail.

SECOURS EN CAS DE DÉCÈS

F. — En cas de décès d'un agent titulaire, la veuve de l'intéressé non séparée de corps, à défaut de veuve les enfants du décédé ou le tuteur de ces derniers, ou bien encore, à défaut de veuve et d'enfant, les père et mère du décédé, recevront un secours dont le montant est fixé à 500 francs.

G. — Si le décès est la conséquence d'un accident survenu par le fait ou à l'occasion du travail, outre que le secours sera égal à un mois ou 25 jours de travail, la Société assurera les frais des obsèques à concurrence de 500 francs.

Article 16.

RETRAITES

....

En raison de la diversité des règlements de retraite présentement en application dans différentes sociétés, il n'est pas possible d'insérer ici un article même d'un caractère indicatif.

C'est aux militants des syndicats intéressés qu'il appartiendra de rédiger cet article.

1° Pour les exploitations où il n'existe pas de retraites, cet article devra prévoir la mise en application d'un règlement portant sur cet objet.

A cet effet, ils informeront le bureau fédéral qui, en cette matière, les guidera très rapidement tant pour la rédaction du règlement lui-même que pour sa partie rétroactive dont l'objet est de faire prendre en charge par la société une pension minimum pour les années accomplies à son service au cours de la période antérieure à la mise en application du règlement à intervenir.

2° Pour les exploitations où il existe une retraite mais dont le système contient des lacunes, les camarades intéressés devront saisir l'occasion de la revendication du statut pour dans l'article visant cet objet « Retraite », appeler par un texte étudié en conséquence les modifications qu'il serait souhaitable de réaliser.

A cet effet, ils informeront le bureau fédéral auquel il adres-

seront communication du règlement actuellement appliqué, de même qu'ils préciseront les points qu'il y aurait lieu de modifier et le sens des modifications à intervenir.

Article 17.

CONSEIL DE DISCIPLINE ET MESURES DISCIPLINAIRES

A. — *Dans le but de donner toutes les garanties désirables, il sera constitué un conseil de discipline composé de trois représentants de la Société et désignés par elle et de trois représentants du personnel nommés par lui au suffrage universel. Ce Conseil, qui fonctionnera à titre consultatif, sera présidé par le directeur ou son représentant. En cas de partage égal des voix le président aura voix prépondérante.*

B. — *Ledit Conseil n'aura à connaître que des manquements pour la sanction desquels une mise à pied excédant dix jours ou tout autre supérieure serait demandée. Toutefois, lorsque ledit Conseil serait appelé à se prononcer sur une demande de révocation, il sera présidé par un représentant de la muncipalité qui, en cas de partage égal des voix au sein du Conseil aurait voix prépondérante.*

C. — *Le détail de son fonctionnement, de la désignation de ses membres et de ses attributions, fera l'objet d'un règlement particulier pour l'établissement duquel un accord entre la Société et les représentants syndicaux du personnel sera recherché et l'avis du pouvoir concédant entendu.*

D. — *Les mesures disciplinaires qui, suivant l'importance de la faute commise, peuvent être appliquées, sont :*

1° *L'avertissement;*
2° *Le blâme;*
3° *La réduction du congé annuel;*
4° *Le retard dans l'avancement;*
5° *La mise à pied;*
6° *Le renvoi.*

E. — *Toutes les mesures disciplinaires sont notifiées par écrit du directeur à l'intéressé qui, par signature, reconnaît avoir été informé.*

F. — *En cas de récidive, dans le délai d'un an, d'une faute ayant donné lieu à l'une des sanctions prévues, la mesure immédiatement supérieure pourra être appliquée.*

Article 18.

RECONNAISSANCE DU SYNDICAT

A. — La Société reconnaît comme légal le syndicat professionnel constitué par son personnel en conformité de la loi de 1884 et entrera en rapports écrits ou verbaux avec ses représentants chaque fois que la demande lui en sera faite.

DÉLÉGATIONS SYNDICALES

B. — Les délégations syndicales qui seront reçues par le directeur ou, à défaut, par son représentant, seront composées du secrétaire général du syndicat ou de l'un de ses adjoints et d'un représentant pour chacune des catégories ayant des desiderata à exposer.

C. — Le temps passé par les délégués en audience est considéré comme temps effectif de travail et payé.

D. — Les agents délégués par leurs camarades pour représenter le syndicat dans les congrès syndicaux sont autorisés à s'absenter pendant toute la durée nécessaire, sans que cette absence donne lieu à imputation sur leur congé annuel.

E. — Les permissions accordées pour cet objet ne donnent pas lieu au paiement du salaire ; seules les allocations familiales continuent à être perçues.

DÉLÉGUÉS SYNDICAUX PERMANENTS

F. — Les délégués permanents du syndicat peuvent, à la demande de celui-ci, être mis en congé sans solde pendant toute la durée de leurs fonctions syndicales.

G. — Pendant la durée de ces fonctions, ils conservent leurs droits à l'ancienneté et à l'avancement ; ils versent pour la retraite, et le syndicat fait en leur nom les versements que la Société ferait s'ils n'étaient pas en congé ; ils sont réintégrés dans leur emploi dès la cessation de leurs fonctions.

Un exemplaire du présent statut sera remis à tout agent dès le jour de son embauchage.

Fait à .... le ....

Ont signé :

Pour la ....

Pour la ville de ....

Pour le personnel
les délégués syndicaux

Fédération Nationale de l'Eclairage et des Forces Motrices

SYNDICAT DE...............

.... le 1928

A Monsieur le Directeur de la Compagnie..............
Exploitation de ....

Monsieur le Directeur,

Après avoir retenu dans son principe une demande qui lui était soumise par la Fédération de l'Eclairage et des Forces Motrices et avoir chargé une Commission interministérielle d'étudier la suite qui pouvait lui être donnée, le gouvernement, en date du 28 mai 1926, déposait sur le Bureau de la Chambre des Députés un projet de loi tendant à créer, pour toutes les sociétés concessionnaires des services du gaz et de l'électricité, l'obligation de fixer les conditions générales de travail de leurs agents dans un statut, devant obligatoirement venir en annexe du cahier des charges des traités de concession.

Ce projet fut voté par la Chambre des Députés en date du 12 juillet 1927 et par le Sénat le 9 juillet 1928. Cette loi a été promulguée par M. le Président de la République le 28 juillet 1928 et a été insérée au « Journal Officiel » du 31 juillet 1928 (page 8.535).

S'inspirant de cette disposition législative, non pas seulement dans sa lettre, mais dans son esprit tel qu'il ressort d'une part, du rapport du gouvernement, et, d'autre part, des rapports des Commissions Parlementaires, tant de la Chambre des Députés que du Sénat, le personnel a pensé devoir élaborer un projet de statut, qui, dans son esprit, après avoir donné naissance à un accord, se substituerait au règlement actuel des conditions de travail.

Agissant en conformité du mandat qui nous a été confié, nous avons l'honneur, Monsieur le Directeur, en vous faisant tenir ledit projet, qui constitue un ensemble de dispositions n'ayant, à notre avis, rien de déraisonnables, de faire appel au bienveillant accueil de Messieurs les Administrateurs, qui, nous en avons le ferme espoir, voudront bien considérer le projet du personnel comme une base susceptible d'être favorablement retenue en vue des pourparlers dont nous nous permettons de solliciter l'ouverture.

D'autre part, le pouvoir concédant étant intéressé, le personnel porte à votre connaissance qu'il l'a également saisi, en la personne de M. le Maire.

Veuillez agréer, Monsieur le Directeur, l'assurance de notre profond respect.

Pour le Syndicat et par ordre,
Le Secrétaire,
(Signature) ....

NOTA. — Ce texte convient pour une exploitation où les conditions de travail faisaient déjà l'objet d'un statut ou d'un règlement.

Fédération Nationale de l'Eclairage et des Forces Motrices

SYNDICAT DE...............

.... le 1928

A Monsieur le Directeur de la Compagnie.............
Exploitation de ....

Monsieur le Directeur,

Après avoir retenu dans son principe une demande qui lui était soumise par la Fédération de l'Eclairage et des Forces Motrices et avoir chargé une Commission interministérielle d'étudier la suite qui pouvait lui être donnée, le gouvernement, en date du 28 mai 1926, déposait sur le Bureau de la Chambre des Députés un projet de loi tendant à créer, pour toutes les sociétés concessionnaires des services du gaz et de l'électricité, l'obligation de fixer les conditions générales de travail de leurs agents dans un statut, devant obligatoirement venir en annexe du cahier des charges des traités de concession.

Ce projet fut voté par la Chambre des Députés en date du 12 juillet 1927 et par le Sénat le 9 juillet 1928. Cette loi a été promulguée par M. le Président de la République le 28 juillet 1928 et insérée au « Journal Officiel » du 31 juillet 1928 (page 8.535).

S'inspirant de cette disposition législative, non pas seulement dans sa lettre, mais dans son esprit tel qu'il ressort d'une part, du rapport du gouvernement, et, d'autre part, des rapports des Commissions Parlementaires, tant de la Chambre des Députés que du Sénat, le personnel a pensé devoir élaboré un projet de statut.

Agissant en conformité du mandat qui nous a été confié, nous avons l'honneur, Monsieur le Directeur, en vous faisant tenir ledit projet, qui constitue un ensemble de dispositions n'ayant, à notre avis, rién de déraisonnables, de faire appel au bienveillant accueil de Messieurs les Administrateurs, qui, nous en avons le ferme espoir, voudront bien considérer le projet du personnel comme une base susceptible d'être favorablement retenue en vue des pourparlers dont nous nous permettons de solliciter l'ouverture.

D'autre part, le pouvoir concédant étant également intéressé, le personnel porte à votre connaissance qu'il l'a saisi, en la personne de M. le Maire.

Veuillez agréer, Monsieur le Directeur, l'assurance de notre profond respect.

Pour le Syndicat et par ordre,
Le Secrétaire,
(Signature) ....

NOTA. — Ce texte convient pour une exploitation où les conditions de travail ne font l'objet d'aucun contrat.

Fédération Nationale de l'Eclairage et des Forces Motrices

SYNDICAT DE...............

.... le 1928

A Monsieur le Maire de ....
Hôtel de Ville. Cabinet du Maire.

Monsieur le Maire,

Agissant au nom du personnel de la Société de .... et en exécution du mandat qui nous a été confié, nous avons l'honneur, Monsieur le Maire, d'attirer votre bienveillance, ainsi que celle de Messieurs les Membres du Conseil Municipal, sur l'objet de la présente en même temps que nous nous permettons de faire appel au concours de votre autorité.

Voici ce dont il s'agit :

Une mesure législative, due à l'initiative du Gouvernement, votée par la Chambre, le 12 juillet 1927, par le Sénat le 9 juillet 1928, promulguée par M. le Président de la République en date du 28 juillet 1928 et insérée au « Journal Officiel » du 31 juillet 1928 (page 8.535), stipule que les conditions de travail des agents des Sociétés concessionnaires des services du gaz et de l'électricité, devront être obligatoirement fixées dans un statut qui, après que l'accord nécessaire sera intervenu entre les parties intéressées — Sociétés, pouvoir concédant et personnel — devra être annexé aux cahiers des charges des traités de concssions.

Les stipulations de cette loi sont immédiatement applicables aux concessions accordées après sa promulgation; un délai maximum d'une année étant prévu pour son effet obligatoire dans les traités en cours.

S'inspirant de cette mesure législative dans sa lettre et surtout dans son esprit tel qu'il se trouve défini, tant dans le rapport du gouvernement que des Commissions parlementaires de la Chambre des Députés et du Sénat, le personnel intéressé a pensé devoir établir un projet de statut qu'il a remis ce jour à sa direction.

Ce faisant, le personnel garde la conviction que les clauses qui constituent son projet n'ont rien de déraisonnables. Aussi conserve-t-il l'espoir que les administrateurs qui en sont saisis, voudront bien le retenir comme une base de discussion utile, de même qu'il veut espérer qu'après les avoir examinées, les demandes qu'il a l'honneur de formuler vous apparaîtront comme équitables et méritant votre appui.

Nous avons donc l'honneur, Monsieur le Maire, de vous faire tenir un exemplaire du projet élaboré par le personnel intéressé, de même que copie de la lettre de dépôt par lui adressée à Monsieur ...., directeur de l'exploitation.

Veuillez agréer, Monsieur le Maire, avec nos remerciements anticipés, l'assurance de notre profond respect.

Pour et par mandat,
Le Secrétaire,
(Signature) ....
Adresse ....

Documents

Parlementaires

L'AVANT-PROJET DE LOI

dont le texte fut arrêté en conclusion des travaux de la Commission interministérielle

12 Mars et 11 Juin 1925

MINISTÈRE DU TRAVAIL

AVANT PROJET DE LOI

Les cahiers des charges annexés aux actes de concession de production et de distribution de gaz et d'électricité doivent contenir des clauses dans l'intérêt du personnel et notamment les conditions de titularisation et de licenciement, le mode de détermination des salaires, les avantages en nature, les allocations familiales, les congés annuels, l'assistance en cas de maladie, les retraites, l'application des mesures disciplinaires et le règlement amiable des différends collectifs.

Les clauses ci-dessous seront arrêtées après consultation des organisations patronales et ouvrières intéressées.

Pourront être exceptés de l'application des clauses qui précèdent, les agents employés par le concessionnaire d'une manière intermittente ou à titre temporaire ainsi qu'à ceux qui ne fournissent qu'un travail accessoire de leurs occupations quotidiennes.

Dans un délai d'un an à partir de la promulgation de la présente loi, les cahiers des charges annexés aux actes de concession passés antérieurement et qui ne contiendraient pas déjà les clauses ci-dessus, seront complétés en conséquence.

Je vous serai très obligé de bien vouloir me faire connaître, dans le plus bref délai possible, les observations que cet avant-projet peut soulever de la part de votre organisation.

Pour le Ministre et par autorisation :

Le conseiller d'Etat, Directeur du Travail,

Signé : PICQUEMARD.

Le Projet de Loi déposé par le Gouvernement

N° 2926

CHAMBRE DES DÉPUTÉS

Treizième Législature

Session de 1926

Annexe au Procès-verbal de la séance du 28 mai 1926.

PROJET DE LOI

Ayant pour objet l'insertion de clauses relatives au Statut du Personnel *dans les cahiers des charges des* Concessions de Gaz et d'Electricité. *(Renvoyé à la Commission du Travail, sous réserve de l'avis de la Commission des Mines et de la Force motrice.)*

Présenté, au nom de M. Gaston Doumergue, Président de la République française, par M. Durafour, ministre du Travail, de l'Hygiène, de l'Assistance et de la Prévoyance sociales; par M. Jean Durand, ministre de l'Intérieur; et par M. de Monzie, ministre des Travaux publics.

EXPOSÉ DES MOTIFS.

Messieurs,

Depuis plusieurs années, les organisations syndicales ouvrières du Gaz et de l'Electricité, dans le but de stabiliser la situation des employés et des ouvriers occupés dans les services concédés de gaz et d'électricité, et, par là même, d'éviter des occasions de conflits, ont demandé que les cahiers des charges annexés aux concessions contiennent obligatoirement des dispositions fixant le statut du personnel.

Une première fois, en 1920, cette demande a fait l'objet d'une étude de la part du Ministère du Travail, qui avait appelé à collaborer avec lui des représentants des autres départements intéressés. Cette étude a permis de constater que, en l'espèce, les décrets de 1899 étaient insuffisants pour donner satisfaction aux employés et ouvriers : 1° parce que leur demande s'étendait à des questions qui dépassaient le cadre desdits décrets; 2° parce que ces derniers étaient facultatifs en ce qui concerne les départements et les communes.

La conclusion des travaux de la Commission interministérielle était que, pour réaliser les desiderata des syndicats ouvriers, un texte de loi était indispensable.

L'affaire a été de nouveau reprise en 1924, et les organisations patronales, ainsi que les organisations ouvrières, ont été appelées à faire connaître leur manière de voir sur la question. Elles ont adopté des points de vue opposés, les Syndicats patronaux étant hostiles en principe à une intervention; les Syndicats ouvriers, au contraire, demandant qu'un texte vienne préciser les diverses matières composant le statut du personnel et imposer la revision des cahiers des charges qui ne contiendraient pas ce statut.

Il ne paraît pas opportun d'indiquer par le détail les arguments qui ont été invoqués de part et d'autre; ce sont, en principe, ceux qui ont été mis en avant toutes les fois qu'il s'est agi d'instaurer l'intervention du législateur en matière de travail.

Il suffira de signaler que l'opposition s'appuie principalement sur les inconvénients que présente une règlementation uniforme et rigide et sur l'intangibilité des conventions arrêtées. Ces considérations, dont la valeur est indéniable, ne sont pas cependant dirimantes. Pour donner satisfaction aux premières, il suffit que la disposition législative soit assez souple pour se plier aux circonstances diverses et aux nécessités locales. Quand aux secondes, il convient de remarquer que la plupart des concessions importantes contiennent déjà des règles relatives à la situation du personnel qu'il s'agirait seulement, le cas échéant, de préciser ou compléter, et qu'elles peuvent céder devant la nécessité de garantir le maintien de la paix sociale.

Le projet qui est présenté ci-après s'est efforcé de concilier les deux points de vue, et c'est à dessein qu'il ne précise pas les points auxquels devra se référer le statut du personnel. Ce statut, pour être complet, devrait indiquer les conditions de titularisation et de licenciement, le mode de détermination des salaires, les avantages en nature, les allocations familiales, les congés annuels, l'assistance en cas de maladie, les retraites, l'application des mesures disciplinaires et le règlement amiable des différends collectifs.

Il est de toute évidence qu'on ne pouvait songer à exiger de toutes les concessions, quelque minimes qu'elles soient, l'établissement d'un statut aussi complet.

Par la force des choses, certaines de ces dispositions ne peuvent jouer que dans les entreprises de quelque importance. Les concessionnaires et les organisations patronales et ouvrières intéressées seront appelées dans chaque espèce à émettre leur avis sur le statut convenable : *en tout état de cause, c'est à l'autorité concédante qu'il appartiendra de se prononcer.*

Afin d'éviter toute discussion possible, il a paru bon de prévoir dans le texte que les dispositions relatives au personnel ne s'étendraient pas à ceux qui ne peuvent être considérés comme de véritables employés de l'entreprise, c'est-à-dire aux ouvriers ou employés travaillant d'une façon intermittente et à ceux qui, ayant une profession principale étrangère à la concession, lui prêtent leur concours pour des travaux accessoires en vue de s'assurer un supplément de ressources.

Enfin, un délai d'un an est prévu pour que les concessions antérieures à la loi soient revisées et que la situation du personnel, s'il y a lieu, soit fixés dans le cahier des charges.

Le projet qui vous est soumis s'inspire de l'article 48 de la loi du 31 juillet 1913 relative aux voies ferrées d'intérêt local et des principes suivis par le législateur dans ces dernières années en différentes matières relatives à des services publics concédés; nous sommes persuadés que vous n'hésiterez pas à y donner votre adhésion.

***

PROJET DE LOI

Le Président de la République française,

Décrète :

Le projet de la loi dont la teneur suit, sera présenté à la Chambre des Députés par le Ministre du Travail, de l'Hygiène, de l'Assistance et de la Prévoyance sociales, par le Ministre de l'Intérieur et par le Ministre des Travaux publics, qui sont chargés d'en exposer les motifs et d'en soutenir la discussion :

Article unique. — Les cahiers des charges, annexés aux actes de concession de production ou de distribution de gaz et d'électricité, doivent contenir les clauses fixant le statut du personnel.

Sont exceptés de l'application desdites clauses les agents employés d'une manière intermittente ou à titre temporaire, ainsi que ceux qui ne fournissent qu'un travail accessoire de leurs occupations quotidiennes.

Dans le délai d'un an, à dater de la promulgation de la présente loi, les cahiers des charges annexés aux actes de concessions passés antérieurement et qui ne contiendraient pas un statut du personnel, seront complétés en conséquence.

Fait à Rambouillet, le 20 mai 1926.

Signé : GASTON DOUMERGUE.

Par le Président de la République :

Le Ministre du Travail, de l'Hygiène,
de l'Assistance et de la Prévoyance sociales,
Signé : DURAFOUR.

Le Ministre de l'Intérieur,
JEAN DURAND.

Le Ministre des Travaux publics,
Signé : DE MONZIE.

Rapport de la Commission du Travail de la Chambre

N° 3238
CHAMBRE DES DÉPUTÉS
Treizième législature.
Session de 1926.

RAPPORT

Fait au nom de la Commission du Travail, chargée d'examiner le projet de loi ayant pour objet l'insertion de clauses relatives au statut personnel dans les cahiers des charges des concessions de gaz et d'électricité, par M. Lebas, député.

Messieurs,

Dans ces dernières années, les travailleurs des exploitations de gaz et d'électricité n'ont cessé de demander, par l'organe de leur Fédération syndicale nationale, qu'une loi rende obligatoire l'insertion de clauses relatives au statut du personnel dans les cahiers des charges des concessions. La question posée par cette demande fut examinée, en 1920, par une Commission interministérielle formée de représentants des Ministères de l'Intérieur, du Travail et des Travaux publics. Elle fut d'avis que, pour y répondre favorablement, une loi nouvelle analogue à celle qui régit les chemins de fer d'intérêt local (loi du 31 juillet 1913, art. 48), était nécessaire. La Commission, assistée des représentants du Syndicat des producteurs et distributeurs d'énergie électrique et du Syndicat professionnel du gaz et de la Fédération nationale de l'éclairage, reprit ses travaux en mars et en juin 1925, et ses conclusions servirent à l'élaboration du projet que nous rapportons.

De toute évidence, nous nous trouvons devant un véritable service public que, sauf très rares exceptions, les communes ont concédé à des compagnies ou sociétés. La vie de la cité, voire de grandes régions, exige que la distribution du gaz et de l'électricité soit faite régulièrement, d'une façon continue. Tout arrêt de ce service apporte la perturbation chez chacun, crée l'insécurité pour tous, entrave le travail. Donc, il est de l'intérêt de tous que le personnel chargé de la marche de ce service public soit doté d'un statut qui fixera ses conditions de travail et lui donnera des garanties contre tout arbitraire. Cela est si vrai que déjà, pour les villes dont les noms suivent, les conditions faites au personnel sont fixées par un statut. Vous remarquerez qu'il s'agit de villes très importantes et même de grandes villes : Auch, Bastia, Besançon, Bordeaux, Brest, Chambéry, Clermont-Ferrand, Dijon, Limoges, le Puy, Marseille, Nantes, Tours, Troyes.

Nous avons pris connaissance de quelques statuts et nous pouvons dire qu'ils sont bien établis et qu'ils règlent, avec clarté et précision, la situation du personnel.

Dans un plus grand nombre de villes, si le personnel des exploitations concédées n'est pas encore doté d'un statut, il bénéficie cependant d'avantages que le statut maintiendra et consolidera, notamment de salaires fixés par des conventions collectives, d'indemnités en cas de maladie, de congés annuels payés, de pensions de vieillesse. Pour toutes ces compagnies ou sociétés, l'obligation du statut ne constituera donc pas une charge nouvelle, et le personnel y trouvera une garantie de stabilité que réclame d'ailleurs le bon fonctionnement d'un service public. Il n'est pas inutile d'en donner la liste, car elle prouvera que le projet de loi aura surtout pour conséquence de légaliser un état de choses existant. Parmi ces villes concédantes nous notons : Agen, Aix-en-Provence, Angers, Bourg, Brioude, Cognac, Commentry, Ganat, Jarnac, Metz, Montauban, Orange, Royan, la Seyne-sur-Mer, Bar-sur-Aube, Béziers, Châteauroux, Châtellerault, Hyères, Issoudun, Le Mans, Orléans, Tarbes, Toulouses, Vannes, Vendôme, Etampes, Louviers, Narbonne, Pau, Périgueux, Poitiers, Provins, Castres, Cherbourg, Fontainebleau, Lisieux, Mazamet, Sens, Albi, Beaucaire, Cette, Montargis, Nîmes, Roanne.

Enfin, nous appelons toute votre attention sur le texte large et souple à la fois du projet de loi dont l'application sera ainsi rendue extrêmement facile.

Le premier alinéa stipule que les « cahiers des charges annexés aux actes de concessions de production ou de distribution de gaz et d'électricité doivent contenir des clauses fixant le statut du personnel ». Rien de plus. Il est certain que ces clauses fixant le statut du personnel », varieront suivant l'importance de l'entreprise, les besoins à satisfaire. C'est pourquoi un statut unique n'est pas possible. Il sera discuté par la société concessionnaire et par le personnel représenté par ses délégués syndicaux, et le pouvoir concédant, le Conseil municipal par exemple, se prononcera et décidera.

Il est bien entendu, ainsi que le dit le deuxième alinéa de l'article unique, que le statut ne peut s'appliquer aux employés ou ouvriers qui ne travaillent pour le compte de l'exploitation que de façon intermittente ou temporaire.

Le troisième alinéa stipule que « dans le délai d'un an, à dater de la promulgation de la présente loi, les cahiers des charges annexés aux actes de concessions passés antérieurement, et qui ne contiendraient pas un statut du personnel, seront complétés en conséquence. Cette disposition va de soi; il est évident que l'obligation du statut concerne non seulement les concessions futures, mais aussi toutes celles qui ont été accordées et dont le terme n'est pas expiré.

***

Nous avons fait remarquer que déjà, dans de nombreuses villes, le personnel des entreprises de gaz et d'électricité bénéficie d'un régime de retraite. A sa cotisation s'ajoute celle de la société concessionnaire, qui est généralement de 5 % des salaires et des traitements. La Fédération nationale de l'éclairage et des forces motrices a appelé notre attention sur la situation qui serait faite aux agents de ces sociétés au lendemain de la mise en vigueur de la loi sur les assurances sociales qui imposera aux patrons un versement de 5 % des salaires, mais pour couvrir plusieurs risques, dont le risque maladie. Par conséquent, la part de la cotisation patronale destinée à être capitalisée ne donnerait qu'une pension très inférieure à celle qu'ils reçoivent ou qu'ils sont en droit d'espérer recevoir.

Cette observation est tout à fait juste : la réalisation de la grande réforme réclamée par la classe ouvrière ne doit pas avoir pour effet de réduire un avantage dont bénéficient déjà les travailleurs appartenant à quelques corporations. C'est pourquoi, en plein accord avec M. le Ministre du Travail, de l'Hygiène, de l'Assistance et de la Prévoyance sociales, nous proposons d'introduire dans le projet de loi un paragraphe ayant pour objet de placer les intéressés sous le régime de l'article 10 de la loi du 5 avril 1910, de façon à les soustraire au droit commun en matière de retraites. Ils pourront ainsi, en tant que bénéficiaires d'un régime spécial, continuer à profiter de ce régime après le vote du projet de loi sur les assurances sociales, sans qu'ils aient à craindre une diminution des avantages acquis.

Ce paragraphe, que nous plaçons à la fin de l'article unique du projet, est ainsi rédigé : « Les dispositions des paragraphes 3 et 4 de l'article 10 de la loi du 5 avril 1910 sur les retraites ouvrières et paysannes sont étendues aux règlements de retraites établis ou à établir en faveur du personnel bénéficiaire de la présente loi. »

La Commission du travail vous propose, Messieurs, d'adopter le projet de loi ainsi modifié, ou plutôt amélioré, et dont voici le texte :

PROJET DE LOI

Article unique.

Les cahiers des charges annexés aux actes de concessions de production ou de distribution de gaz et d'électricité doivent contenir des clauses fixant le statut du personnel.

Sont exceptés de l'application desdites clauses les agents employés d'une manière intermittente ou à titre temporaire, ainsi que ceux qui ne fournissent qu'un travail accessoire de leurs occupations quotidiennes.

Dans le délai d'un an à dater de la promulgation de la présente loi, les cahiers des charges annexés aux actes de concession passés antérieurement, et qui ne contiendraient pas un statut du personnel, seront complétés en conséquence.

Les dispositions des paragraphes 3 et 4 de l'article 10 de la loi du 5 avril 1910 sur les retraites ouvrières et paysannes sont étendues aux règlements de retraites établis ou à établir en faveur du personnel bénéficiaire de la présente loi.

Rapport par avis de la Commission des Mines et de la Force Motrice

N° 3.668

CHAMBRE DES DÉPUTÉS.

Avis présenté au nom de la Commission des Mines et de la Force motrice sur le projet de loi ayant pour objet l'insertion de clauses relatives au statut du personnel dans les cahiers des charges des concessions de gaz et d'électricité, par M. E. Morinaud, député.

Messieurs,

Au nom de la Commission du travail, notre collègue, M. Lebas, a conclu à l'adoption de ce projet de loi.

Nous vous proposons, à notre tour, de lui donner votre avis le plus favorable.

Les concessions de gaz et d'électricité constituent des services d'intérêt public.

Il est donc tout naturel que le personnel qui est chargé d'assumer leur marche normale soit traité comme s'il était un personnel d'Etat et, qu'en conséquence, il obtienne des compagnies qui l'emploient, les sérieuses garanties de stabilité et d'avenir que doit lui procurer le statut proposé.

Le principe du projet de loi est absolument juste : nous ne pouvons donc que l'approuver.

Mais il est bien entendu que le statut ne s'appliquera qu'au personnel permanent — les employés intermittents ou temporaires ou ceux qui ne fournissent, dans ces concessions, qu'un travail accessoire à leurs occupations quotidiennes, en seront exclus.

Le présent projet ne s'appliquera pas seulement aux concessions à venir. Pour celles déjà accordées, le statut du personnel devra intervenir dans un délai d'un an qui courra à partir de la promulgation de la loi.

Enfin, les dispositions des paragraphes 3 et 4 de l'article 10 de la loi du 5 avril 1910 sur les retraites ouvrières et paysannes sont étendues aux règlements de retraites établis ou à établir en faveur du personnel bénéficiaire de la présente loi.

Ce projet constituera un progrès social qui est infiniment désirable.

Votre Commission des Mines lui donne donc son avis très favorable.

Un Amendement de M. Poitou-Duplessis

CHAMBRE DES DÉPUTÉS

Treizième législature.

Session de 1926.

AMENDEMENT

Au projet de loi ayant pour objet l'insertion de clauses relatives au statut du personnel dans les cahiers des charges des concessions de gaz et d'électricité (Voir le N° 2926), présenté par M. Poitou-Duplessy, Député.

EXPOSÉ SOMMAIRE

L'objet de l'amendement est de faire disparaître les dispositions du projet de loi qui tendent à lui donner un caractère rétroactif.

L'application de telles dispositions, dérogeant au principe de la non rétroactivité des lois aurait pour effet de remettre en question les clauses des contrats en cours d'exécution.

Les discussions que nécessiterait l'élaboration des statuts dont il s'agit et auxquelles devraient prendre part les autorités concédantes, les charges nouvelles qui pourraient en résulter pour les concessionnaires, ne manqueraient pas d'apporter un trouble profond dans l'exploitation du service concédé et, par suite, d'entraver l'effort actuellement en cours pour l'électrification des campagnes, effort dont l'importance, au point de vue national, est unanimement reconnue.

Article unique.

Rédiger comme suit cet article :

« Les cahiers des charges annexés aux actes de concession, de production et de distribution de gaz et d'électricité, qui seront conclus à partir de la promulgation de la présente loi, devront contenir des clauses fixant le statut du personnel.

« Seront exceptés de l'application desdites clauses les agents employés de manière intermittente ou à titre temporaire, ainsi que ceux qui ne fournissent qu'un travail accessoire de leurs occupations quotidiennes. »

NOTA : Par cet amendement la loi n'aurait eu d'effet que sur les nouveaux contrats. L'action fédérale fut efficace, puisque aussi bien son aboutissement fut le retrait d'un amendement particulièrement dangereux.

Rapport de la Commission d'Administration Générale du Sénat

N° 122

SÉNAT

Année 1928

Session ordinaire

AVIS

Présenté au nom de la Commission de l'administration générale, départementale et communale (1), *sur le projet de loi, adopté par la Chambre des députés, ayant pour objet l'insertion de clauses relatives au statut du personnel dans les cahiers des charges des concessions de gaz et d'électricité, par M. Laboulbène, sénateur.*

Messieurs,

Le projet de loi soumis à vos délibérations a pour objet l'insertion de clauses relatives au statut du personnel dans les cahiers des charges des concessions de gaz et d'électricité; il a été rapporté au fond, au nom de la Commission du commerce, par l'honorable M. Justin Godart qui conclut à l'adoption du texte présenté par le gouvernement et voté par la Chambre des députés : votre Commission d'administration générale est saisie pour avis.

Ce projet de loi suscite de sa part un certain nombre d'observations.

Tout d'abord une remarque d'ordre général s'impose : il s'agit d'obliger les communes à introduire dans leurs cahiers des charges de concessions, des clauses particulières concernant le statut du personnel. C'est là une légère atteinte aux libertés communales, que nous désirerions au contraire élargir; toutefois observons que la loi ne comporte pas de sanctions.

D'autre part, le projet ne vise que le personnel des concessions de gaz et d'électricité; il existe d'autres services concédés par les municipalités, notamment le service des eaux dans certaines communes : légiférer ainsi pour une catégorie particulière d'employés ou d'ouvriers, nous paraît procéder d'une méthode défectueuse.

Si nous examinons ensuite le paragraphe 3 du projet, nous lisons : « Dans le délai d'un an à dater de la promulgation de la loi, les cahiers des charges annexés

---

(1) Cette Commission est composée de MM. Henri Merlin, *Président;* Monsservin, Jeanneney, *Vice-Présidents;* Laboulbène, Emile Sari, *Secrétaires;* Abel Lefèvre, Alfred Brard, Amédée Vidal, Andriéu, Auray, Betoulle, Catalogne, Alphonse Chautemps, Coyrard, Daudé-Gleize, Charles Deloncle, Dutaud, Eymery, Flayelle, Paul Fleury, de Fontaines, Gaudaire, Gauvin, Alfred Grand, Hayaux, Alexandre Israël, Jossot, Lacroix, Linyer, Louis Soulié, Méjan, Michaut, Morizet, le Marquis de Moustier, Mulac, Roger Grand. (Voir les numéros : Sénat, 543-578, année 1927; Chambre des Députés (13e législ.) 2926-3238-3668 et in-8° 863.)

aux actes de concessions passés antérieurement et qui ne contiendraient pas un statut, seront complétés en conséquence. »

La loi aurait donc non un effet rétroactif à proprement parler, mais elle appliquerait une législation nouvelle à des contrats en cours et entraînerait par suite le remaniement d'un grand nombre de ces contrats.

Ces remaniements auront-ils pour conséquence une augmentation du prix du gaz ou du courant électrique ? Oui en principe : depuis quelques années, ce prix est revisable selon une formule dans laquelle l'un des facteurs variables S représente le salaire horaire moyen du personnel; ce salaire s'entend de celui de tout le personnel en y comprenant toutes les charges nécessaires telles que allocations en nature, logements, versements pour secours de maladie, assurances, retraites, etc. Pour le cas où un statut nouveau apporterait un changement dans certains éléments qui constituent le salaire horaire moyen, il s'ensuivrait que les tarifs de vente du gaz et du courant électrique pourraient être modifiés.

Toutefois, M. le député Lebas, dans son rapport, fait au nom de la Commission du travail de la Chambre, indique que dans quatorze villes (sans y compter toutes les communes de la banlieue de la Seine), les contrats de concessions sont déjà assortis d'un statut, et que dans quarante-cinq autres, les avantages consentis au personnel sont tels qu'un statut viendra simplement confirmer un état de choses existant.

En conscience, nous reconnaissons qu'il n'était pas possible de limiter aux seuls contrats à venir la portée de la loi. En effet, après l'arrêt du Conseil d'Etat dans l'affaire du « Gaz de Bordeaux », beaucoup de villes se trouvèrent dans une situation difficile; tenues par cet arrêt de payer aux compagnies concessionnaires le montant du préjudice à elles causé par les charges extracontractuelles et imprévisibles, elles étaient par là redevables de sommes parfois considérables dépassant leurs possibilités financières; la plupart d'entre elles s'en remirent à un compromis, et consentirent des proprogations des traités en cours, et ce pour 25, 30 et même 40 ans; en contre-partie, les compagnies renonçaient à réclamer les sommes dues, tout en obtenant, comme nous l'avons rappelé plus haut, la revision périodique du gaz et de l'électricité selon les variations du prix de la tonne de houille ou de l'index économique électrique.

Nous devons conclure que dans la grande majorité de nos villes, de longtemps ne seront pas discutés de nouveaux contrats de concession, et que si nous limitions à ces derniers les stipulations de la loi sur le statut du personnel, nous risquerions de ne les voir appliqués que dans un avenir fort lointain.

Cependant il est une catégorie de contrats qui en ce moment font l'objet de négociations dans toute la France : ce sont les contrats de concessions pour l'électrification des campagnes. Rien ne dit dans le texte proposé que l'obligation d'un statut du personnel ne s'applique pas à ces concessions. Nous ne devons pas nous dissimuler que les communes rurales peuvent rencontrer ainsi une nouvelle et sérieuse difficulté.

A la page 3 de son rapport, notre distingué collègue M. Justin Godart écrit : « A l'encontre des décrets de 1899, aucune indication n'est donnée des points auxquels devra se référer le statut. Une réglementation uniforme pour les concessions les plus considérables comme pour les plus minimes par exemple, présenterait des difficultés qu'il vaut mieux éviter en laissant aux concessionnaires et aux organisations syndicales le soin d'émettre leurs avis sur lesquels *il appartiendra à l'autorité concédante de se prononcer* ».

Et M. le député Lebas disait lui-même : « Un statut unique n'est pas possible. Il sera discuté par le concessionnaire et par le personnel représenté par ses délégués syndicaux, et le pouvoir concédant, *le Conseil municipal* par exemple, *se prononcera et décidera* ».

Voici le texte de la Loi du 28 Juillet 1928

Adoption d'un projet de loi ayant pour objet l'insertion des clauses relatives au statut du personnel dans les cahiers des charges des concessions de gaz et d'électricité.

« M. LE PRÉSIDENT. — L'ordre du jour appelle la discussion du projet de loi ayant pour objet l'insertion de clauses relatives au statut du personnel dans les cahiers des charges des concessionnaires de gaz et d'électricité.

Cette affaire a été inscrite à l'ordre du jour, sous réserve qu'il n'y ait pas débat, en exécution des articles 97 et 99 du Règlement.

Je consulte la Chambre sur le passage à l'article unique. (Le passage à l'article unique est ordonné.) »

M. LE PRÉSIDENT. — « *Article unique* ». — Les cahiers des charges annexés aux actes de concessions de production ou de distribution de gaz et d'électricité doivent contenir des clauses fixant le statut du personnel.

« Sont exceptés de l'application desdites clauses les agents, employés d'une manière intermittente ou à titre temporaire, ainsi que ceux qui ne fournissent qu'un travail accessoire de leurs occupations quotidiennes.

« Dans le délai d'un an à dater de la promulgation de la présente loi, les cahiers des charges annexés aux actes de concession passés antérieurement, et qui ne contiendraient pas un statut du personnel seront complétés en conséquence.

« Les dispositions des paragraphes 3 et 4 de l'article 10 de la loi du 5 avril 1910 sur les retraites ouvrières et paysannes sont étendues aux règlements de retraites établis ou à établir en faveur du personnel bénéficiaire de la présente loi. »

Je mets aux voix l'article unique du projet de loi.

(L'article unique, mis aux voix, est adopté.)

NOTA : Cette loi a été promulguée par M. le Président de la République le 28 Juillet 1928 et est insérée au " Journal officiel " du 31 Juillet 1928 (p. 8.635.)

VERSAILLES - IMP. LA GUTENBERG, 18, AV. DE PARIS, TÉL. 7.35

www.ingramcontent.com/pod-product-compliance
Ingram Content Group UK Ltd.
Pitfield, Milton Keynes, MK11 3LW, UK
UKHW020417220726
13923UKWH00004B/2000